낙원의 입구

서영석 제4시집

문학공원 시선 231

낙원의 입구

서영석 제4시집

바보는 피투성이 몸을 이끌고 험난한 가시산을 오르는데
심장과 살들을 깊숙이 찌르는 아픔은 죽음보다 더했다
그는 아직도 금단의 열매를 따려고 가시산을 오르고 있다

문학공원

시인의 말

　고요한 밤, 모두 잠들은 심야에 바늘 떨어지는 소리조차 심금을 울린다. 열두 간지의 바퀴가 세상을 돌며 육십갑자의 언덕을 넘기고 나니, 세상의 일들이 찻잔 속의 태풍처럼 작아진다. 불나방처럼 세상을 향해 달려들며 찢겨진 상처로 철철 흘리는 핏빛 욕망에 스러져간 소중한 것들. 내 자신을 사르면서 추구했던 것들에 대한 회한마저 든다.

　우리들은 어쩌면 낙원을 꿈꾸면서 평생을 가시산을 오르고 있는 것일지도 모르겠다. 너무나 짧은 찰나의 시간들이 연결된 고리들 안에서 내일은 오를 것이라고 자위하면서 오늘을 살아내고 있다. 찰나의 선택으로 죽기도 하고 살기도 하며, 성공하기도 하고 실패도 하면서 하루 또 하루를 살아내고 있다. 내일의 파라다이스를 꿈꾸며 점으로 연결된 삶의 선상에서 수많은 사람과 부딪치고 섞이면서 점들의 세계를 건너뛴다. 나 자신을 너의 색으로 물들기도 하고, 너의 색을 덮어서 내 색으로 물들이기도 한다.

우리는 너무 먼 곳에서 불어오는 바람에 인생을 걸고 있다. 자신의 능력으로 할 수 없는 것들을 잡으려고 까치발을 하고 뛰어오른다. 자신의 색을 조금씩 지우면서 세상의 색으로 물드는 삶을 그려보는 것은 어떨까? 평생을 선택으로 점철된 삶에서 과거로 돌아가는 그림을 그려보기도 하고, 낚시에서 놓친 고기가 큰 것처럼 순간의 선택 점을 되돌린다 해도 세상과 나의 인생은 달라지지 않는다. 우리는 항상 그 순간순간마다 최선의 선택을 했기 때문이다.

평생을 올라가도 보이지 않는 낙원을 찾기보다 너의 색도 아니고 나의 색도 아닌 제3의 색으로 서로 물들이면서 세상을 살아내는 것은 어떨까. 낙원, 그 파라다이스는 먼 곳에 있지 않다.

2023년 늦가을

녹정 서 영 석

차례

시인의 말 … 4

1부
항구의 꿈

풀무 … 12
보초 … 14
도시의 25시 … 15
꽃섬 … 16
술잔의 이치 … 17
코로나의 세계 … 18
모든 거리는 침실로 통한다 … 19
항구의 꿈 … 20
탈주 · 1 … 21
탈주 · 2 … 22
시간의 무늬 … 24
곧추서다 … 25
교감하다 … 26
낙원의 입구 … 27
삶은 김치찌개다 … 28
회장실 … 30
제로섬 … 31
멀어져야 보이는 것들 … 32
매매 … 34

2부

풀 뽑는 날

비요일 … 36
시간으로 읽고 추억이라 말한다 … 37
풀 뽑는 날 … 38
9월의 선운사 · 1 … 39
9월의 선운사 · 2 … 40
가을의 길목 … 41
내 사랑, 가을에게 … 42
향기 없는 꽃 … 44
노을의 계절 … 45
가을의 언덕 … 46
가을이 온다 … 47
낙엽 · 1 … 48
낙엽 · 2 … 49
겨울로 가는 … 50
계절을 넘어 … 51
오늘 … 52
황혼 … 53
기억의 조각 … 54
길쌈 … 55
은하수의 탄생 … 56

차례

3부
시시하다

분재 · 1 … 58
분재 · 2 … 59
시시하다 · 1 … 60
시시하다 · 2 … 61
가뭄 · 1 … 62
가불 · 2 … 63
데이지 · 1 … 64
데이지 · 2 … 65
천리향 · 1 … 66
천리향 · 2 … 67
데칼코마니 · 1 … 68
데칼코마니 · 2 … 69
데칼코마니 · 3 … 70
밀어密語 … 71
물들다 · 1 … 72
물들다 · 2 … 73
물들다 · 3 … 74
물들다 · 4 … 76
옹이 · 6 … 77
재부팅 … 78

4부

시원하다

새벽은 어떻게 오는가 … 80
망각의 계절 … 82
섭리攝理 … 83
추억을 마주하다 … 84
시원하다 … 86
망향忘鄕 … 87
세월 … 88
언젠가는 … 90
상실 … 91
야행夜行 … 92
언약 … 93
여정 … 94
우리 사랑은 … 95
우물 안 개구리 … 96
지배 … 97
지옥 · 1 … 98
지옥 · 2 … 99
청상靑孀 … 100
이별 여행 … 101
천국으로 가는 길 … 102
체념 … 103
할머니 … 104

 차례

5부
빈자의 낚시

늙어간다는 것은 … 106
고향 … 108
그리움 … 109
이별 … 110
과거로 가는 길 … 111
귀향 … 112
빈자의 낚시 … 114
눈이 시리도록 푸르던 날에게 … 115
생명은 살아있다 … 116
가로등 … 117
고리 … 118
낚시 … 119
장미 … 120
도피 … 121
독백 … 122
문서 세단기 … 123
꿈꾸던 샘 … 124
놓친 고기가 크다 … 125
연어 … 126

작품해설 - 김순진 문학평론가 … 128
상생의 인연 관계, 그 낙원의 시학

1부
항구의 꿈

풀무

1.
갈탄 위에 불쏘시개를 놓았다

생명을 잉태하고 뜸을 들이던
어둠 속의 터널을 빠져나와
숨을 얻으면서
세상의 타임라인을 따라 펼쳐진
공기와 시간 속을 유영한다

2.
갈탄에 불이 붙기 시작한다

하얀 캔버스를 사각의 틀에 얹고
네 모서리를 정렬하여
아직 때 묻지 않은 시간의
순결한 뼈다귀들로 만들어진
이젤 위에 올려놓는다

3.
서서히 달아오른다

생명은
아무것도 존재하지 않는
아무것도 기약하지 않는
텅 빈 캔버스의
밑그림일 뿐인 것을

4.
활화산처럼 활활 타오른다

너를 향하여, 네가 소유한 시간의
나이테를 향하여 돌진하는
불나방 같은 영혼이 핏빛으로
물들고 스러져간 잿더미 위로
유영하는 시간 여행자

5.
그곳에는 아무것도 남지 않았다

잿더미마저 바람에 날려버리고…

보초

이齒 한 놈이 유난히 까칠하다

음식을 씹을 때마다
정신을 바짝 차려야
조용하게 앉아있다

행여 조금이라도 소홀해지면
어김없이 반항하고
발길질을 해댄다
제 주인에게 똥개도 하지 않는 짓을
거침없이 해대며 이를 드러내는 녀석은

살살 달래주면 조용하다가
문득 존재를 잊어버릴 즈음에
그놈의 이가 감춰둔 이를 드러내서
자신을 키워주고 보호해준 잇몸을 향해
거침없이 희번득이는 이로 공격하면서
이를 드러내고 하얗게 웃어젖히는 이

언젠가는 기필코 너를 잠재우고 말리라

도시의 25시

문을 나서면
검은 도시 계곡과
황량한 아스팔트 벌판 위로
거리를 스캔하듯 펄럭이는
현수막 갈기가 파도처럼 밀려와서
졸고 있는 가로등을 두드려 깨우고

별빛도 비껴가는 좁은 골목 안에서
들고양이와 유기견의 앙칼진 비명이
하수구를 돌아 시큼한 냄새를 풍기며
기울어 가는 여인숙의 담벼락에
기대어 서서 노상방뇨 중인
거렁뱅이의 발가락을 물어 젖히니

피 흘리는 도시는 썩어 문드러져
새벽의 대지 아래 묻히고
팔랑거리는 나팔꽃의 눈물이
아스팔트를 적시는 도시의 아침은
알코올에 젖은 걸음으로 주절거리며
블랙홀 같은 세계로 빠져드는
승냥이들로 가득하다

꽃섬

계절이 바뀐 들녘에 홀로 피는 꽃이 있다
무리들이 자라서 꽃 피고 열매 맺어
스러져간 위에서 바람을 맞으며
홀로 흔들리는 영혼이 있다

세상의 울타리를 벗어나서 외로이 흔들리고
세상의 이념과 가치를 따라가지 못한 몸 안에도
생명은 흐르고 감각은 살아있다
생로병사를 가슴에 품고서

계절을 잊고 사는 꽃에게도
쉼 없이 밟히며 견디어 낸 잡초들에게도

세상의 빛은 똑같이 비추고
세상의 흐름과 같이 흔들리며
다른 무리들과 같은 꿈을 꾼다

술잔의 이치

1.
한 잔에 시름을 비우고
한 잔에 사랑을 비우고
한 잔에 고독을 비우고
또 한잔에 마음마저 비우니

비워지는 깊이만큼
차오르는 자유여

2.
술잔에 채워지는 것이
술만은 아니더라

한잔에 님을 채우고
한잔에 사랑을 채우고
한잔에 인생을 채우고
또 한잔에 추억을 채우니

채워지는 높이만큼
비워지는 청춘이여

코로나의 세계

갑자기 안 올 것만 같던 손님이
불쑥 콧등을 치면서 들이닥쳤다
반갑지도 않은 손님은, 내가 얼마나
보고 싶고 사랑스러운지 온몸이 부서지도록
끌어안고 박치기라도 한 것 같다
뼈마디는 떨어져 나가고, 머리는
떼어버리고 싶은 것이 지구의 중력을
난생처음 온몸으로 받아내느라
목구멍으로 물 넘길 힘조차 없다

문자를 받고 병원으로 달려가니
귀빈 대접이 따로 없다
영양제를 놔주고 덤으로 약까지
챙겨주면서 일주일간 아무것도
하지 말라네

드디어 일생 최대의 행운을 얻었다

모든 거리는 침실로 통한다

거미와 개미가 만나고
모래와 바람이 부서지고
꽃잎이 파도처럼 스러져
먼지 같은 활자가
대지의 허파로 스미어

또 다른 세계로 향하는
한 쌍의 텔로미어

너와 나의 발자국이 겹쳐지고
너와 나의 생각이 교차하고
너와 나의 그림자가 하나 되어

바람에 의지해 달려가는
꿈에서 그리던 이상향을
담아내는 우주 같은 Dna를
유영하는 텔레파시

내 발자국 밑에 있는
모든 거리는 침실로 통한다

항구의 꿈

항구에는
배를 만드는 사람과
배를 움직이는 사람과
배를 타고 내리는 사람이 있다

세상 사람은 모두 항구에 모여서
새로운 세상을 꿈꾸며
여행을 준비한다

온갖 인종이 모여
갖가지 사연 속에서
바다와 뭍으로 향하는 사람들

그들은 풍파를 넘어
새로운 대지에 꿈을 내려놓고
또 다른 항구에서 피는
꽃이 되기를 소망한다

탈주 · 1

도마뱀은
삶의 언저리에서 실낱같은 구멍을
빠져나가기 위해서 자해하며
스스로 꼬리를 자르고

시간의 덫 안에
자신의 일부를 저당 잡히고
사유思惟의 경계를 넘어
자유를 차용한다

나는 기억의 꼬리를 지우고
아픈 시간을 잘라서
가슴속 저편에 묻고
새로운 시간을 키운다

도마뱀은 속박의 시간을 자르고
나는 어두운 길목과 아픔을 자른다

탈주 · 2

네가 나에게로 오기 위해서
몇 번의 봄을 다시 시작하고
몇 날의 아침을 맞이했는지
알지 못하지만

언젠가는 새싹을 틔우고
꽃이 피기를 기다리며
마음의 밭에서 영혼의 물을
대고 돌아서기를 얼마나 했는지

오솔길을 갈아서 넓히고
동화 같은 집을 지으며
노을이 질 때마다, 마음에
등불을 밝히고 툇마루에 앉아서

별빛이 쏟아지는 계곡 아래
네 마음의 언덕을 바라만 보며
산모퉁이를 돌아 나오는
그리움을 미처 알지 못했으니

몇 번의 언덕을 더 넘어야
너의 향기를 온전하게 담아서
내 안에서 부는 바람을
붙잡을 수 있을지 알 수가 없다

가슴을 닫고 빗장을 걸은 채
사십 년 간 묵혔던 씨간장처럼
사백 년을 발효시킨 증오가 농익어서
꽃잎을 터뜨리고 불길을 걸어 나온
당신에 대한 연민으로
딜레마에 빠져버린 속박의 간절기

그리고 가을

시간의 무늬

마음은 하늘을 향해 날고
몸짓은 나뭇가지 삭정이 마냥
삐그덕 덜그덕 비포장길을
달려가고 있다

세상의 모든 그림자들은
주인을 닮으려고 애쓰지만
패인 바닥과 구멍 난 물결에는
형체를 잃은 흔들림으로

바람의 물결 같은
비늘 소리만 남긴다
시간에도 무늬가 있을까

곧추서다

깊어가는 가을밤에 치킨집에서 소주를 마신다

덜 취한 남자와 조금 더 취한 여자
그리고 사이다만 마시는 남자

이빨 빠지고 취기 오른 말이 오가다가
알코올에 절은 언어로 여자가 말을 하는데
사이다만 마시던 남자는
무슨 말인지 알 수가 없다

여) "꼬츄셨어?"
남) "뭐라구요?"
여) "꼬츄셨어?" … 한참을 쳐다보던 남자 왈
남) "고추가 섰냐구요?"
여) "야 너 죽을래?"
남) "…"
여) "박 반장님이 그 여자한테
　　'꼬·치·셔·써'라고 했거든"

정신이 반짝 곧추선다

교감하다

세상의 꽃들이 아름다움 것은 서로 사랑하기 때문이고
세상의 꽃들이 향기로운 것은 서로 사랑했기 때문이다
세상을 홀로 산다는 것은 삼라만상의 순리를 역행하고

자신을 세상에서 스스로 격리시켜 빨리 시들게 할 뿐
혼자 외롭게 서 있는 야생화에겐 아무도 말을 걸지 않고
밟히거나 외면당한 채 홀로 떨면서 바람을 맞는다

꽃들은 벌 나비가 자신의 것이라 하지 않고
나무들은 홀씨가 어디에 내려앉는지 알려 하지 않고
사랑을 위해서만 세상을 살고, 사랑으로 스러진다

낙원의 입구

 한 바보가 낙원을 찾아 정글을 지나 금단의 강을 건넜다 모진 세상에서 잡초처럼 짓밟혀 피로 얼룩진 육신을 끌고 낙원 입구에 다다른 바보는 입궁 심사대에서 미션을 받았다

 그곳에는 낙원으로 가는 길과 지옥으로 가는 길이 있었고 입궁 심사 탈락자는 되돌아가지 못하고 지옥으로 가야 한다 숙제는 심사대 앞 가시산에서 금단의 열매를 따는 것이다

 바보는 피투성이 몸을 이끌고 험난한 가시산을 오르는데 심장과 살들을 깊숙이 찌르는 아픔은 죽음보다 더했다 그는 아직도 금단의 열매를 따려고 가시산을 오르고 있다

삶은 김치찌개다

파 마늘
고춧가루 두부 김치
갖은 양념과 재료가 잠든
호수 둑 아래에서 띠겁게 띠겁게
입술을 들이미는 푸른 춤사위에
뚝배기 안을 도리질치며
유랑하는 덜 익은 호박이 머리를
풀어 젖힌다

서로 엉기며 제 살을 풀어
너에게로 나에게로
스미고 하나 되어 내 맛과 네 맛이
무지갯빛으로 세상에 다리를 놓고
욕정으로 물든 거룻배 하나를
늪에 띄워서 거미줄처럼 갈갈이 찢어진
탐닉의 계단으로 오른다

때로는 시커먼 숯덩이가 되고
가끔은 술에 물 탄 듯 의미 없는
눈빛으로 희희낙락하는 초침처럼

세상을 유유자적 오르고 내리고
돌고 도는 쳇바퀴 속에서
갖은 이야기와 향기가 어우러져
진한 삶의 육수를 몸 밖으로 밀어내니

너는 내가 나는 네가 꿈꾸는 곳으로
서로의 갈 길을 따라서
감칠맛 나는 호수를 여행하다가
마주하는 작은 찻잔 속의 새 두 마리

회장실
- 점

1.
우리 집엔 얼마 전부터 회장실이 생겼다
용변이 급할 때면 회장실로 뛰어간다
처음 방문한 사람은 당황해하지만
이내 익숙해져서 회장실 문을 열어젖힌다

2.
문에 붙은 표지판에 점 하나가 떨어지더니
아래로 배설할 때마다 귀해지고 있다
그래서 표지판을 고치지 않고
그냥 놔두기로 했다

3.
어느 날 옆집 철수가 다녀가더니
자기 집에도
회장실을 만들었다

제로섬

밝은 날에 일하면
도덕적이고
어두운 밤에 일하면
비도덕적이며

하얀 종이에 글 쓰면
내용이 정결하고
검은 종이에 글 쓰면
마음이 검을 소냐

세상 모든 것은
자신의 시각이 원하는 대로
보고 느낄 뿐
아무것도 없어라

멀어져야 보이는 것들

어느 날 문득 창 너머로 보이는 것들이 있다
아파서 죽을 것만 같았던, 그래서 기억하고 싶지 않았던
통증의 언덕 너머로 밀어내고 마음의 창을 닫았던 것들이
창밖에 부딪는 빗소리에 되살아나고
들판의 갈대에 머무는 바람 소리에 깨어나서
안개처럼 피어나는 커다란 꽃이 되고 향기가 된다

숨이 멎을 것 같아서 피눈물을 흘리며 지웠던 것들
숨 막히게 빛나고 터질 듯이 아름답던 날들의 기억보다
고단하고 아파서 죽을 것만 같았던, 불붙은 뜰에서 지우고
아득히 먼 곳의 불모지에 던져버린 기억이 더 그리운 것은
체념을 배운 때문인지도 모르겠다

구름 한 점 없는 파란 하늘보다
구름과 햇살이 적당히 어우러진 날이 더 아름다운 것은
삶의 언저리에 비가 내리고 가끔은 구름도 끼어서
때로는 벼락이 치는 길을 걸어야 했던 어둠의 날들이

자라고 익어서 또 다른 모습으로 홀로그램처럼

매 순간 빛나고 있기 때문은 아닐까

매매

젊음을 팔아서 돈을 사는 사람과
돈을 팔아서 시간을 사려는 사람이
같은 방 안에서 살고 있다

욕망을 위해서
돌려받지 못할
시간을 팔고

탐욕의 계절이 지나간 자리에서
시간을 돌려받고 싶은 사람들은
평생을 일구어온 재산을 허문다

2부
풀 뽑는 날

비요일

비 오는 날에는
마로니에 공원의 고목에
흐드러지게 열리던
라일락 향기가 그리워진다

빗소리처럼
가슴을 적시는 언어가
벤치에 내려앉아 꽃을 피우고
세상을 향하여 닻을 올리던

오월 어느 날
맑고 푸르던 청춘에게
라일락 빛 편지를 부치고
꽃잎에 젖은 비가 되고 싶다

시간으로 읽고 추억이라 말한다

냇가 어귀를 돌아 징검다리를 건넌다
산책로 아래로 시간이 소리쳐 흐르고
억새꽃 사이로 바람이 재깔이며 지나간다

새벽에 피어난 제비꽃에 반짝이는 이슬은
빛이 깨어나는 그 어디쯤에서 울음을 멈추고
바람이 손짓하는 대로 춤을 추다가

어느 날 아침 문득 저녁노을이 창안으로 들어올 때
내게서 분실한 시간의 조각을 찾아 달려간다
죽어버린 시간의 실루엣이 산다는 곳으로

풀 뽑는 날

마음속에 죽어 묻힌 내 묘지의 풀뿌리가
한 가닥씩 살점을 잡고 달려 나오고
언젠가는 같이 살자던 앞산의 꾀꼬리가
울며울며 낳은 젊음 하나씩 거두며
소리 높여 울고 있다

청승맞은 여우비는 구멍 난 가슴에
내려앉아 살점을 저미고
바람 부는 날 홍수로 둑이 무너진
실개천에서, 굿거리장단의 자갈 소리가
세상을 향해 달려갈 때

내 숨소리 한 점씩 뽑힌 곳에
솟대를 꽂는다

9월의 선운사 · 1

너를 만나고,
돌아서는 길마저 잊은 도솔천의
탁류옥수濁流玉水*를 유영하는 물고기는
가시를 발라낸 듯 투명한데

검게 그은 물결의 속살이
텅 비어 투명해질 때까지
염불하는 노승의 목탁 소리에

배롱나무 향기가 노을처럼 흩어져서
어머니의 젖가슴을 닮은 그림자 안에
사바娑婆의 풍경소리가 꽃잎처럼 날리네

---

* 탁류옥수濁流玉水 : 전라북도 고창에 자리 잡은 선운사 도솔천의 냇물로, 주변의 나무에서 흘러나온 탄닌 성분이 스며들어 바닥이 검은빛으로 보이나 1급수의 맑은 청정수다.

9월의 선운사 · 2
- 소실점*

도솔산에 부는 바람은
억겁의 인연으로 만나서, 먼지처럼
극락전으로 유영하는 중생의 고뇌라

찰나에 스러져가는 빛의 궤적을 따라
단숨에 달려가는 풍경소리가 숙성되어
모랫바닥 위로 붉은빛 음계를 그리니
배롱나무의 눈물이 꽃잎 되어 흩날리고

노을보다 더 붉게 농익은 현생의
질곡을 가득 담아 흐르는 도솔천의
물길은, 해탈에 이르는 산사의 극락천極樂川

---

* 눈으로 보았을 때, 평행한 두 선이 멀리 가서 한 점에서 만나는 점.

가을의 길목

너를 바라보면 바라볼수록 눈이 아프다
짧았던 봄과 긴 여름을 달려온 시간은
한살이를 마감하려 짐을 싸려고 한다

너무 푸르던 날과 아직 미약하던 날에
모진 풍파 속에서도 꽃잎은 피어나고
누구의 화분花粉인지 알려고도 하지 않으며

그렇게 열매를 맺어 버린 고단했던 시간에
계절의 착란을 꿈꾸며 홀로 푸른 이파리여
혼신을 다해 노을 위에서 춤추는 삶이여

내 사랑, 가을에게

온전히 나를 불살라서
너에게 한 점이 될 수 있다면
내 마음을 너에게 주어서
너를 얻을 수 있다면

너의 마음을 돌려서
내 둥지 속에
너의 체취가 마르지 않는
날 들이 계속될 수 있다면
마지막 남은 가지에서
너를 따서 내 품에 안으리

아스팔트 위에 뒹굴기 전에
너의 체취를 채집하여
내 마음이 사는 곳에
너의 그림자를 겹겹이 쌓아 놓고
아침마다 한 자락씩
너와 나의 세상을 향해

하늘 높이 날려 보내리
언제까지라도

향기 없는 꽃

세상에는 향기 없이 피는 꽃이 있다
화려하고 우아한 자태만으로도
세상을 다 지배하고 남을 자신감인가

향기 없이 피는 꽃은 세상 흥망성쇠를
알지 못하며 제 잘난 맛에
세상을 유혹하려 한다

일 년 365일을 하루같이 피어서
어느 게으른 삶의 수반이나 화병
그 울안에서 해 맑게 웃으며

벌 나비조차 찾지 않지만, 화려하게
차려입고 생명력 없는 입술로, 온갖
교태를 부리며 시들지 않는 꽃은

나이도 잊고
계절도 잊고
사랑마저 잃는다

노을의 계절

비 개인 저녁에
붉은빛 이파리 하나가
나뭇가지를 붙들고 운다

흐느낌이 바람에 흩어지고
노을빛으로 물든 눈물은
더없이 향기롭기만 하다

마지막이 아름다운 것은
한 생의 이야기가 농축되어
투명하게 빛나기 때문이다

가을의 언덕

- 천수天壽

나는 어디쯤 서 있는 걸까

세월을 거스를 수 없으니
올라온 높이를 셀 수 없고
미래를 알 수 없으니
남은 계단이 몇 개인지
알 수가 없구나

다만, 한 발자국씩
햇살이 기울고
석양이 여물어가듯
정상이 가까워짐을
짐작할 뿐

정상에 올라서면
어떤 세상이 있을까

가을이 온다

잎이 흔들린다
가지가 춤을 춘다
높은 하늘과 구름이
맞닿은 곳에서
바람이 분다

차가운 바람이
대지 밑의 뿌리로부터
잎의 줄기로 올라와
창문을 두드리며 말을 건다

뿌리로부터 색을 입은
이파리들이 팔랑이며
내게로 와서 농익은
가을이 된다

낙엽 · 1

시간을 수집해 걸어둔 방에는
붉은빛 냄새가 짙게 가라앉아 있고
방문을 열 때마다 한 장씩
그리움을 담은 채 하늘로 날아가더니
이름 모를 대지에 내려 말을 건다

낙엽 · 2
- 삶의 극치

나무들이 옷을 벗는 것은
세상의 추위로부터 자신을
지키기 위한 몸부림이다

자신의 몸 말단을 쳐내면서
생명의 한 고비를 넘기고
또 다른 봄을 맞이하기 위하여
스스로 몸을 도려내어
자신을 살리는 길을 선택하며

그렇게 생명을 멈추어, 빛나고
아름답던 추억을 내려놓는다

겨울로 가는

까만 밤이 하얗게 질리도록
흐느끼던 바람이
거리의 나뭇가지에서
옷을 벗기고

수북이 쌓인 낙엽에
새벽이슬이 내려앉아

들고양이 한 마리가
가로지르는 길에서
가을이 울고 있네

밤새 벌벌 떨던 가지들이
잃어버린 가을이여
젊은 날의 추억이여

바닥을 뒹구는 청춘이여

계절을 넘어

내가 아는 사람이
나를 모르면
나를 아는 사람을
내가 모르면

그들은 아무것도 아니고

내가 깨닫지 못한 사람이
네게로 와서 하얗게 웃으며
인사를 하면 우리가 되고

네가 미쳐 나를 알지 못해도
내가 너에게로 가서 눈이 맞으면
사랑이 꽃피는 계절이 된다

오늘

우리는 누군가를 이용하고
무엇인가를 잠시 빌려 쓰며
시간의 점 위를 걷는다

나는 너에게 무엇이 되고
너는 나에게 무엇이 되어

잠시 머무는 세상에서

증오하면서 사랑하고
미워하면서 용서하고
만나고 헤어지면서
절망을 넘어 신기루 속에

지울 수 없는 피를 흘리고
희망을 바라보며 또 하루를 넘긴다

언젠가는 너를 딛고 서리라

황혼

잘 익은 볕이 고개를 숙이고
지나간 시간의 흔적이 물드는
빗살무늬 역정이 물 밑으로 가라앉아
모두 내 것만 같던 영욕의 문이 닫히고
자신만 버리면 완성되는 자연계의 저녁

기억의 조각

과거 속에 남겨진 흔적들이
지워버린 문신처럼 남아
이 빠진 톱날같이 듬성듬성
가슴을 찌르는 비수처럼
주름진 DNA를 유성처럼 유영하고

간이역에 잠시 정차한 시간이
눈을 감은 망막 사이에서
반딧불이처럼 반짝이며 춤출 때
소중한 것을 버리고 상념만 남아
검은 밤을 하얗게 새운다

남기고 싶은 것과 남고 싶은 것이
밤새도록 전쟁하여, 남은 것은
얼룩말의 온몸을 휘감은 검은
나이테같이 조각난 상처와 그리움과
수평선 아래에 묻어버린 세월

내 안에서 숨 쉬는 기억들이
내 시간과 일치하고 있는지
알 수가 없다

길쌈

날실과 씨실이
겹겹이 시간을 엮어
병풍처럼 늘어선
올 들을 채워 나간 만큼

우리의 삶을 엮어서
한 필 두 필 박제시키는
손길에는, 시간의 얼룩이
피부를 박리시켜 나가고

한恨 어린 여인네의
긴 한숨에는
평생을 농축한 단내 나는
이야기가 밀려 나와
창포꽃 허리에
사리를 만드니

우리의 삶이 피었다 지는
인생 9막이라

은하수의 탄생

아침에 푸른 이슬처럼 태어나서
저녁이면 붉게 익어버리고
밤이면 동그란 외눈박이로

세상을 비껴보며
지우개로 지워버린 하늘에
두런두런 구멍 난 도화지처럼

저편 어디선가 새어 나오는
군락의 빛이 가슴을 적신다

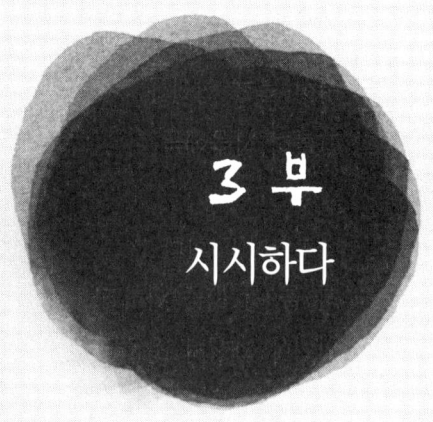

3부
시시하다

분재 · 1

분재가
아름다운 것은

내 삶과
동의어이기 때문이다

분재 · 2

분재가
수석보다 초연한 것은

수석은 제자리에서
수만 년 풍파에 맞서
자리를 지키고 있었지만

분재는 좁은 화분에서
모진 아픔에도 굴하지 않고
자신을 살렸기 때문이다

시시하다 · 1

별 볼 일 없는 이가
밤하늘의 별을 바라보며
자신을 별바라기라 했다

별바라기가 무엇인지도
모르는 그는
시시한 자신의 영혼은
별 볼 일 없는 사람보다
행복하다고 한다

그들의 가슴에는
별이 죽고 시시한
도시의 불빛만 가득해서
세상을 모른다고

시시하다 · 2

우리는 늘 시시詩詩하지만

잊어버릴 즈음
다시 꺼내 보면
시시한 글귀로 가득하다

시시詩詩하며 향기에 취해 캐어낸
시어가 시시해지면
시시詩詩했던 시어를 버리고

좀 더 시시詩詩한 언어를
가슴 밖으로 꺼내어
시시詩詩한 독자들의 영혼을
시시한 시어로 채우려고

긴 밤을 지새는
시시한 인생이다

가뭄 · 1

생각에 풍년이 들고
막다른 길을 극복하며
초연해질 것만 같았는데

탐욕은 주름살만큼 커지고
약의 숫자만큼 갈망은 더해지고
집착은 하늘 높이 솟구치니

삶에 대한 갈증으로
육신은 메말라간다

가불 · 2

추억은 날마다 길어지고
소망은 날마다 짧아지니

오늘이 가기 전에
내일을 살고파라

데이지 · 1

그리워, 보고파
언제라도, 어디서라도

그리움이 머무는 곳에서
너의 발자국 소리를 들으며
낮이면 하얗게 웃고
밤이면 우수에 젖어
너의 발길 닿는 곳마다
나의 체취로 가득 채우고

시간이 멈출 때까지
사모의 노래를 부르리

데이지 · 2

낮이면 햇빛에
밤이면 달빛에
너의 그림자가
드리워지기를 기다리며

발길이 멈추는 곳마다
바람이 머무는 곳마다

나의 체취를 담고
그리움을 녹여서
편지를 보낸다

시간이 존재하지 않는
꿈속에까지

천리향 · 1

당신이 어디에 머물고
어느 곳을 지나며
언제 왔다가
언제 갈지 몰라도

당신이 무슨 일을 하고
무엇을 남기며
어느 곳으로
언제 갈지 몰라도

당신의 실주름 속에
남아있는 그리움이
시간의 벽을 넘고
바람의 소용돌이를 지나

내 순정이 살고 있는
삶의 언덕에서
피어나는 실바람 속에
한 톨의 기억이 되리

영원을 기약하는

천리향 · 2

세계가 숨 쉬고
우주가 숨 쉬고
우리가 숨 쉬고
내가 숨 쉬는

시간의 궤적을 유영하는
억겁의 입자에 새겨진
기억의 점들이 한 톨씩
감정을 가지고 깨어날 때

한 번의 들숨에는
억겁을 축적한 향기가 배어있고
한 번의 날숨에는
백 년을 품은 이야기가 살고 있네

살거나 혹은 죽어서라도
서로의 삶과 시간의 내음을 공유하리

천 리 밖에서라도

데칼코마니* · 1

아이는 나이를 먹으면
어른이 되고

노인은 나이를 먹으면
아이가 된다

---

* 데칼코마니 : 종이 위에 그림물감을 두껍게 칠하고 반으로 접거나 다른 종이를 덮어 찍어서 대칭적인 무늬를 만드는 회화 기법이다.

데칼코마니 · 2
- 사랑은

너를 담으려면
나를 버려야 하고

나를 희생해야
너를 얻으리라

데칼코마니 · 3
- 변명

강물을 거슬러 오르는 물고기는
떠내려가지 않으려 맞서는 것이고

바람에 몸을 맡기는 깃발은
찢기지 않으려 순응하는 것이다

밀어密語

당신을 만나면
마음이 따뜻하고

당신을 포옹하면
세상이 향기롭고

당신과의 입맞춤은
영혼이 감미롭고

당신과 걷는 길은
천국에 이르는 길

물들다 · 1

1.
음식에 물들고
시간에 물들고
생각에 물들고

서로의 마음에 물들고
이 세상 모든 것과
물들고 어우러져서

삶이 머무는 자리가
내 그림자로 물든다

2.
너는 내가 되고
나는 네가 되고
서로 물들고 닮으면서

향기가 되고
그리움이 되고
세상이 된다

물들다 · 2

- 귀향歸鄉

산허리에서 바람결에
울고 있는 나뭇잎은
평생을 살아내야
물들 수 있고

연어는 광활한 바다를
비늘에 새기고 고향에 돌아가
생명의 씨앗을 내려놓은 후에
물들 수 있다

우리는 언어와 몸짓으로
마음과 영혼의 한 켠을 비워야
향기를 채우고
생각을 채우고
그리움을 채우고
세월을 채우며
어느새 호수에 내려앉은 달처럼

세상 안으로 물들어갈 수 있다

물들다 · 3
- 북극성

너와 내가 걸어가는 길에
우리만의 발자취가 남기를 바라며
하늘을 바라보며 기다려온 시간이
별처럼 빛나는 곳에서

어두운 그곳에서
너에게로 가는 길을 묻는다

바다와 태양과 나뭇잎과
너와 내 삶이 같은 색으로
물드는 석양에 앉아서

향기로 물들고
색으로 물들고
맛으로 물들고
생각으로 물들고
소리에 물들고
바람에 물들고
상상에 물들고

너는 나에게 나는 너에게로
가는 길을 묻는다

물들다 · 4

- 졸혼卒婚

식습관이 다른
두 사람이 연인이 되었다

하루는 내가 좋아하는 것으로
다음 하루는 네가 좋아하는 것으로

많은 날이 지난 어느 날
너에게 물들지 못한 나는

너를 버리지 못하고
따로 먹기로 했다

옹이 · 6

내 몸을 부숴서
한 점 구름이 된다면

내 몸을 썩여서
한 사람이 산다면

내 몸을 태워서
꿈이 이루어진다면

일그러진 껍질을
벗고, 별이 되리

재부팅

오류 나고
깨어지고
길을 잃은
우리의 삶도
재부팅 할 수 있으면

향기가 날까

4부
시원하다

새벽은 어떻게 오는가

어느 날 문득
노을 속에서 뜨는 아침을 만났다

하루를 다 보내고
한살이를 다 살고
계절이 도돌이표처럼
돌고 돌아서 다시 아침을 맞는
나팔꽃처럼

저녁이면 아침을 만나고
해가 저무는 벤치에 앉아서
아침이슬처럼 순결한
태양을 만나는 세상은 어쩌면

나도 모르게 다가오는
시간의 파도를 타고 넘어
다른 세계로 밀려가는
쓰나미 같음을…

무인 주차장에 주차하고
예정된 공연이 끝나는
어느 날 문득 석양 아래에서
아침을 맞는다

개미지옥을 피해서 날아가는 쇠파리는
소 한 마리 없는 벌판에서 유랑하고
집념을 향해 달려가는 바람의 노래

망각의 계절

언제부터인가
나도 모르게
줄을 세운다

지갑
핸드폰
차키
그리고 메모장

언제부터인지
내 머릿속에는
빈 곳이 생겼다

조각조각 부서지고
쏟아져 내리는
기억의 파편들은

세월이 남기고 간 자유

섭리 攝理

세월이 양파처럼 옷을 벗고

소년은 어느새
불타는 산하에 서서
비틀거리는 짝걸음으로
낡은 벤치에 걸터앉는다

파도는 여러 겹의
나이테를 그리며 늙어가고
석양은 그 위에 변발 같은
그림자를 드리우는데

주름진 세월은 안갯속에서
초점을 잃은 듯 껌뻑이며

기억이 희미해질수록
추억은 더욱 선명해지고
욕구가 사그라질수록
집착은 쇠심줄 같아진다

추억을 마주하다

1.
긴 시간을 돌아
과거와 맞닥뜨렸다

향수에 젖은
기억이 생소한 것은

너무 멀리 와버린
세월 때문이 아니라

안개 같은 그리움이
현실이 된 까닭이다

2.
현실이 되어버린 추억은
더 이상 그리움이 아니다

추억은
현실이 될 수 없기에
더 향기롭고

되돌아갈 수 없는
이상이기에 더 빛나고
그 자리에서
움직일 수 없으므로 아름답다

시원하다

오늘 오후에 바짓가랑이가 찢어졌다

찢어진 바지 사이로 들어온
가을바람이 혈관을 따라 윤회하고
지나가는 아가씨의 시선은
가을하늘 높이 싱그런 바람이 되는데

석류를 닮은 여인의 농익은 볼과
붉은 입술 속에 숨겨진 하모니카 소리가
푸른빛으로 속삭이는 그 길에서
한줄기 노을이 내 그림자를 가위질한다

툭 터진 가랑이 사이로

망향忘鄉

그곳에 묻었다

죽어 스러진 내 마음의
껍질을 겹겹이 여미어
공기도 통하지 못하게
아주 깊은 곳에 묻었다

겨울이 육십 두 번 바뀌고
부드러운 속살로 껍질을
밀어 올리는 어느 길목에서
들고양이들이 파헤치고
할퀴어 버린, 가슴의 껍질

그 안에서 썩어 문드러진
고단했던 날들이 익어서
따사로운 봄날의
꽃잎을 적시는 향기로
다시 태어난 곳

세월

1.
너는 어디에서 와서
어디로 가는가

물보라를 일으키며 스쳐 가고
모래 위에 발자국을 남기며
사라지는 바람 같은 것

너의 눈을 가리고 다리를 걸어
청춘의 한 점에 가두고 싶지만

너를 잡을 수 없기에
석양만 바라본다

2.
너는 어디에서 와서
무엇을 남겼는가

물 위의 나이테 같은
발자국을 남기고 나뭇잎을 흔들며

흐느끼는 바람 같은 것

너를 붙들어 목을 조르고
청춘의 한 점에 묻고 싶지만

너를 죽일 수 없기에
나를 죽인다

언젠가는

언젠가는 삶의 꽃이 만발하고
향기로 가득한 날이 올 거라고

언젠가는 꿈에도 그리던
그 순간이 올 거라고 믿으며

오늘을 반납하고 내일만 그리며
숨 가쁘게 달려온 여정에서

종착역에 다다른
내일의 오늘 앞에 서 있다

상실

마음 한켠에서 떨어지는
바늘 소리에
화들짝 놀라서
먼 산을 바라본다

바늘 들어갈 틈조차
없던 가슴에
커다란 구멍이 났다

시간은 감정을 녹슬게 하고
생각의 마디를 헐겁게 하여
잡음만 무성하고
마음을 지치게 한다

야행 夜行

어제는 세상을 원망하며
잠 못 들더니
오늘은 시간이 아까워
잠 못 이루고

어제는 청춘을 불태우다
잠 못 이루더니
오늘은 청춘이 그리워
잠 못 들고 있네

언약

나는 바늘이 되고
너는 실이 되어
한 땀 한 땀
우리의 시간을 꿰어서

한 벌의 삶을 완성하고
완전한 인연으로
열매 맺고 싶다

여정

아무 말 없이 길을 걷다가
갈림길에서 눈으로 묻는다

너는 어디로 가는가
너는 어디로 가고 싶은가

말없이 찻잔을 내려다보며
찻잔 안의 물결에게 묻는다

너는 얼마나 서러운가
너는 얼마나 흔들리는가

세상을 유랑하는 너의 영혼이
세상을 자맥질하는 나의 생각을

너는 내게서 뻗어나간 한 개의
그림자 같은 욕망의 날개를 달고

찻잔 너머 어느 별에 가고 싶은가
나에게서 떠나간 나에게 묻는다

우리 사랑은

저녁 으스름에
창 너머에서 서성이는
당신을 바라봅니다

방안의 전등을 켜면
당신의 실루엣은
안개처럼 희미해지고

가로등이 밝아지면
내 모습이 당신의 시야에
희미한 형상으로 남는

우리의 사랑은
밤과 낮의 줄다리기

우물 안 개구리

웅덩이에서 자맥질하는
소금쟁이 발아래에는
밤마다 달이 크기를 바꾸며
은하수와 별빛이 가득하고
가끔은 유성이 떨어진다

계절 따라 색을 갈아입는
고래 논 건너 산 중턱에서
새들이 나뭇가지에 앉아
지저귀는 소리가, 수면 위에
그려내는 잔잔한 파도를
발아래에 딛고서, 태양과

우주는 자기 것이라고 한다

지배

독거미는 거미줄을 치지 않고
야생화처럼 들판에 홀로 서 있거나
바람이 지나가는 길목을 지키고

양귀비는 말없이 교태를 부리며
세상을 붉은 입술 아래로 꿇리네

지옥 · 1

내 마음속의 분노는
어디에서 오는 것일까

활화산처럼
마음 깊은 곳에서 터져 나와
바이러스처럼
아끼는 사람들을 전염시키고

동조된 고통이 증폭되어
다시 내 가슴을 붉게 물들이고
메말라서 표본이 될 때까지

자신을 향하여 쏘아 올린
탄두 같은

지옥 · 2

분노를 멈추지 못하고
쏟아낸 증오의 말들은
잡초와 같아서
제아무리 척박한 땅에서도
뿌리를 내리고 꽃을 피워

돌아올 때는
세상을 가득 메우고 남을 만큼의
천박함과 폭력성을 가진
악마가 되어
가슴을 찌르고 영혼을 죽이고
나를 죽이고야 만다

청상靑孀

멎어버린 시간 안에
살고 있는 당신은 언제나 청춘

너무 짧았던 인연이
남기고 간 씨앗은 거목이 되고
삶의 길 어귀를 돌아선 지금
당신을 그리는 것은

내 멎어버린 심장을 다시 뛰게 하고
말라버린 감성에 물을 지펴서
아픔에 겨운 내 시간에 비를 내리게 한
유리창 너머 갇혀버린 당신의
피 흘리는 청춘이 그립기 때문입니다

영혼이 없어도
마음이 없어도
사랑이 없어도
단 한 번만이라도 뜨거운 체온으로
당신을 안고 싶습니다

이별 여행

지금 우리는 길을 따라 떠나고 있는 중입니다
우리는 시간으로부터 멀어져 가고 있는 중이며
서로에게서 한 걸음씩 세상의 끝을 향해서
하루하루를 더하고 또 더하면서 이별을 향해서
바람처럼 풀벌레처럼 사랑하면서도 이별을 향해서
폭포처럼 쏟아지는 유성의 저편을 향해서
날개에 깃털을 한 개씩 하루 한 개의 추억을
일 년에 한 번씩 털갈이하면서 너와 너의
숨소리로부터 체취로부터 샤워하듯이 너를
내 몸에서 벗기면서 시계가 잠드는 지평선 너머로
한걸음에 달려가고 있습니다

내일도 아니고 모래도 아니고 내년도 아닌
오늘을 다람쥐 쳇바퀴처럼 달려갑니다

당신을 향해서 달려가는 중입니다

천국으로 가는 길

후암동 기슭에
가파른 계단을 오르다가
숨이 멎을 즈음
판잣집 앞에 반쯤 입을 벌린
거적문이 있었다

그곳에는 거미와 빈대가
집을 짓고 피골이 상접한
사내의 주름진 껍질에서
피 농이 섞인 생명을 빨아
자신의 배를 불린다

아침이 되면 사내는
속옷에 박힌 벌건 이를
손톱으로 누르며
핏빛 이슬이 태양처럼
타오르면, 투명하게 웃으며
벌건 이를 드러낸다

체념

체념하고 멈추어야
체념하고 돌아서야
새로운 길이 보인다

폭주하는 이상은
꽉 막힌 도로처럼
자신을 지치게 한다

할머니

어느 봄날에
머리에 또아리를 올리고
장에 가시던 얼굴에는
엿 가락과 사탕이
주렁주렁 열리고

홑바지 베적삼에 배어있던
땀 냄새가 시리도록
내 마음을 포옹하는
초가지붕 아래서 눈시울을
붉히며, 딸랑이는
방울 소리 너머 산자락에

내 정체성과
소년기를 묻었다

5부
빈자의 낚시

늙어간다는 것은

하나둘 기억이 희미해지고
나이를 잊어가는 것은
하나씩 옷을 벗고
단세포로 돌아가기 위해서
인간적인 본능만 남기는 것이다

세월의 흐름 속에서
감각이 무디어지는 것은
과거에 집착하는 고정관념을
서서히 지우고
새로운 세계로 나아가기 위해서
오염된 염색체를 씻는 것이다

피부의 면적에 역행하는
육신은 점점이 작아지며
골 깊은 주름으로 변해가니
껍질을 벗고 새로운 생명의
탄생을 향하여 가고 있는 것이다

우리는 나이를 먹으면서
늙어가는 것이 아니라
한 쌍의 DNA로 돌아가기 위하여
나날이 새로워지는 것이다

고향

꽃잎 떨어지는 소리가
밤하늘의 별빛처럼 펼쳐진
들녘의 툇마루에 스븍스븍 쌓여가고

노랑나비의 날갯짓이 아지랑이처럼
지평선을 지나서 노간주나무 울타리 너머
개울둑까지, 물안개 같은 미소로 속삭일 때

어느 공원의 벤치에 남기고 온
체온의 여운처럼 어느 가슴에선가 꽃피고
향기로 가득 채우는 봄날의 연가가

밤이 새도록 이슬을 머금고
봉숭아 꽃잎이 손톱 위에 열매 맺는
아름다운 날들의 그림자가 내려앉은

그 시간 안에 머물고 싶어라

그리움

그리움의 나무는
쉼 없이 자라기에
적당한 시기에 잘라주면
잎과 가지가 풍성해지고

그냥 놔두면
너무 높이 자라서
쓰러지고 만다

이별

당장은 아파도
언젠가는 향기로
남기를 바라며

지금은 떠나도
언젠가는 그리워
다시 만날 것을

슬퍼하지도
미워하지도
분노하지도 않으며

당신의 발그림자에
장미를 그리고
향수를 뿌린다

과거로 가는 길

너의 표정에서는 엽록소 냄새가 난다
붉은 볕에서 파랗게 익어버린 입술로
속삭이는 바람 소리는 이슬처럼 반짝이고
깊이를 알 수 없는 동공으로 빠져드는
어둠의 날갯짓에, 너의 실루엣은 북극의
코로나 같은 섬광으로 그림자를 적신다

귀향

세상에 태어나서
처음으로 감정을 배울 때
표현하는 수단은 하나였다
수만 가지의 말들을
하나의 울음으로 표현할 때

엄마는
젖을 물리고
기저귀를 갈고
목욕을 시키고
자장가를 불러주었고
울음 하나로 세상을
다 가졌던 그 시절에
세상은 온통 엄마의 세계였다

인생의 시계가 12시를 향해서
달려가는 가을날의 언덕에서
마른 잎 한 장
붉은 잎 한 장
바람에 흩어지는

그리움 한 장으로 편지를 보낸다

여름 내내 잘 놀다 가노라고
눈부시게 사랑했노라고
죽도록 아프게 사랑했노라고
네가 있어서 행복했지만

끝내 나를 사랑하지는 못했음을

빈자의 낚시

손때 묻고 야윈 얼굴에
글썽이는 물결이
후려갈기는 허름한
어귀에서
땟국물 흐르는 세월을
바늘에 꿰고 앉아있는 발 아래

굽이져 흐르는
저승길이 도도하다

눈이 시리도록 푸르던 날에게
- 사과

벌건 아침을 한입 베어
하얀 속살을 발라내니
껍질은 중천에서 피를 흘리고
알맹이는 호수에 얼굴을 묻는다

살진 시간이 야위도록 감아버린
시간의 물레에 걸린 연처럼
그리움이 산을 넘고, 하늘너머
어느 바다에서 노을처럼 익어간다

껍질만 남은 채 말라버린 추억이여
원망도 미움도 녹아버린 심장이여
쓰레기통에서 비틀린 살점이여
너에게 무릎을 꿇는다

눈이 시리도록 푸르던 날에게

생명은 살아있다

갈대가 농익어서 바람에 흔들릴 때마다
살모사의 비늘 가는 소리가 난다

그 옆에 흐르는 냇물조차 금빛으로
숙성되어 쇳소리는 내는 계절에는

고추잠자리가 꼬리를 맞대고 하트를 그리며
수수 이삭에 앉아 발갛게 태워버리는 한 살이

살모사에 물린 채 붉게 스러져가는 생명력과
죽임을 넘어서 다시 태어나는 창조의 세례에

말살과 탄생이 공존하는 인생의 들녘이여
고추잠자리의 날갯짓에 깨어나는 생명이여

가로등

새벽을 가르고 달려가는 길에
열병하듯 서서

밤새워 기다리던 그리움이
폭포처럼 쏟아지는 빛의 가닥에는

한 겹 한 겹 한 올 한 올
지치고 넘어버린 시간의 나이테가

양파처럼 살이 차오르더니
아침을 맞는 길에서 눈을 감는다

고리

제아무리 튼튼해도
한 개만 끊기면
쓸모가 없어지고

혼자서는
아무것도 할 수 없으니
잘난 것이 무슨 소용이랴

낚시

세월을 낚고

이상을 낚고

현실을 미끼로

나를 낚고 싶다

장미

너를 품에 안으면 눈물이 난다
파도처럼 밀려오는 그리움에
가시 돋친 너를 부둥켜안고서
향기에 취해 눈을 감는다

무성한 가시에 입술을 대고
다가가는 내 품에는 피가 흐르고
붉게 붉게 소리 죽여 떨어지는
나의 눈물이 너의 등을 적신다

머나먼 겨울의 다리를 건너서
사막에 뿌리를 내리며 자라고
이슬을 먹으며 피어난 향기는
열매조차 맺지 못한 채 멎어서

핏빛 눈물로 베개 위에 떨어진다

도피

샘이 마르면
잔잔하던 바닥이 터지고 갈라져
눌리고 숨겨진 세계가
드러난다

생명을 잉태하고
숨 쉬던 대지가 질식하여
미로 같은 주름살이 거미줄처럼
꽃을 피우면

꿈꾸던 욕망의 꼬리를
스스로 자르고
영생의 길로 들어서며
문을 닫는 자아自我

독백

언덕을 타고 오르면
반쯤은 뭉개진 대머리에
성글게 난 몇 가닥 묘발墓髮이
턱에 찬 숨을 고르기도 전에
잘려 나가고

삼복더위를 견뎌온 대지는
주름살이 지고 패어버린 채
먼발치의 봉우리만 바라보는데

백발의 노인은 낫 하나 들고서
격한 호흡이 잦아들기도 전에
세월의 나이테처럼 돌돌 말리고
굳어진 관절의 삐걱임 같은
된 한숨을 토해낸다

"휴우 빌어먹을 자식들"

문서 세단기

내 정체성을 밀어 넣는다
왕성한 식욕에 바스러진
기억들과 미처 꺼내 보지 못한
말들이 소화되어 아래로
아래로 모여서 파편 같은
수많은 편린으로 남는다

꿈꾸던 샘

줄을 띄우고
손 모를 내던 날
겨우내 숙성된
낙엽을 걷어내고, 엎드려
허기진 배를 채우던
논두렁 아래 말간 샘에서

금 간
질그릇 그득
동화童話를 길어 올렸다

놓친 고기가 크다

대어를 낚았다
바구니에 담으려다 놓쳤다
다시는 그만한 고기를
잡지 못했다

연어

꽃잎이 바람처럼 쏟아지고
추억이 꽃잎처럼 겹겹이 쌓인
호반 위의 오솔길을 따라

은빛으로 빛나는 물결 위에
피어서 아련하게 손짓하는
무지갯빛 기억의 조각들이

흩어졌다가 모이고 다시 흩어지는
여름밤의 반딧불이처럼 가슴속에서
잠든 꿈결에 속삭이고

그리움이 산처럼 쌓여서
평생을 올라도 건너지 못할
봄날의 그 개여울에 가고 싶다

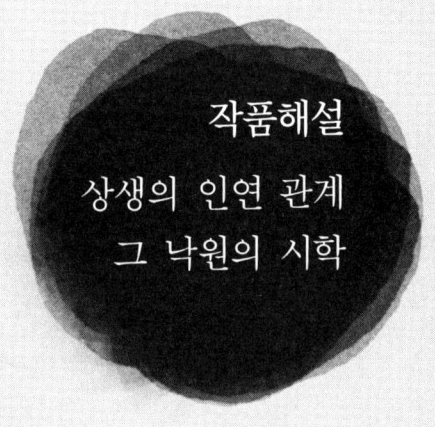

작품해설
상생의 인연 관계
그 낙원의 시학

- 김순진 문학평론가 · 은평예총 회장

작품해설

상생의 인연 관계, 그 낙원의 시학

김 순 진

 사람은 인연으로 살아가는 동물이다. 지구상에 존재하는 수많은 동물 중에서 오직 인간만이 인연을 쌓고 산다. 다른 동물은 먹이사슬의 관계이자, 먹이의 공동구매 관계로 구성되어 있어, 인연이란 말을 접목하기 어렵다. 그에 반하여 사람은 모르는 사람과 만나서 금방 친해지며, 돈독한 정을 나누며 산다. 부부의 연이 그렇고, 친구의 연이 그러하며, 이웃의 연이 그렇다. 인연이란 두 가지 의미를 지닌다. 하나는 사람과 사람 사이의 관계를 말하고, 또 다른 하나는 그렇게 된 인과관계로서 직접적인 원인의 인과 간접적인 원인의 연을 아우르는 말이다.

 인연은 관계로 지속된다. 배려 없는 관계는 지속되기 어렵다. 얼마만큼 서로에게 관심을 가지고 배려하는가에 따라, 그 사이가 지속되느냐 이별하느냐를 결정짓는다. 부모 자식이란 인연도, 부부라는 인연도, 형제라는 인연도, 친구라는 인연도, 이웃이라는 인연도 결국 배려가 없으면 금이 가고, 서로 원수가 되는 것이다. 밥을 나누고 떡을 나눌 때, 서로의 어려움을 응원하고, 상대방의 꿈을 위해 나를 희생할 수 있을 때 관계는 발전하고 돈독해진다.

이 시집은 그런 인연 관계에 대한 관찰로 이루어진 시집이다. 사람과 사람의 관계도 중요하지만, 나무와 나무의 관계, 물과 물의 관계, 바람과 바람이 관계, 빛과 빛의 관계도 중요하다. 그리고 불과 물의 관계, 쇠와 나무의 관계, 돌과 쇠의 관계, 나무와 사람의 관계, 동물과 사람의 관계 같은 이질적인 관계는 관계 중에서도 더욱 중요한 관계인데, 음양오행설陰陽五行說에서는 이를 상생相生과 상극相剋의 관계라고 한다. 쇠는 물을 낳고, 물은 나무를 낳으며, 나무는 불을 낳고, 불은 흙을 낳고, 흙은 쇠를 낳으니 이를 상생의 관계라 한다. 또 쇠는 나무를 이기고, 나무는 흙을 이기며, 흙은 물을 이기고, 물은 불을 이기며, 불은 쇠를 이기니 이를 상극이라 한다.

그러나 이 세상에서 상극의 관계는 없는 게 내 생각이다. 도끼가 나무를 자르고, 사람이 동물을 죽이며, 물이 불을 끄고, 망치가 돌을 깨지만, 이 두 사이는 한쪽을 죽이기 위해 관계하는 것이 아니라, 또 다른 관계를 생산하기 위한 관계로 발전하기 때문이다. 말하자면, 불이 쇠를 달구어 물을 끓이지만, 사람은 풀을 녹여 향기를 생산한다. 말하자면 관계는 계속해서 재생산된다.

그럼 이쯤에서 서영석 시인의 시에 나타나는 사물과 사람, 사물과 사물, 사물과 허상의 관계는 어떤 인연으로 지속되는가를 관찰해보자.

1.
갈탄 위에 불쏘시개를 놓았다

생명을 잉태하고 뜸을 들이던
어둠 속의 터널을 빠져나와
숨을 얻으면서
세상의 타임라인을 따라 펼쳐진
공기와 시간 속을 유영한다

2.
갈탄에 불이 붙기 시작한다

하얀 캔버스를 사각의 틀에 얹고
네 모서리를 정렬하여
아직 때 묻지 않은 시간의
순결한 뼈다귀들로 만들어진
이젤 위에 올려놓는다

3.
서서히 달아오른다

생명은
아무것도 존재하지 않는

아무것도 기약하지 않는
텅 빈 캔버스의
밑그림일 뿐인 것을

4.
활화산처럼 활활 타오른다

너를 향하여, 네가 소유한 시간의
나이테를 향하여 돌진하는
불나방 같은 영혼이 핏빛으로
물들고 스러져간 잿더미 위로
유영하는 시간 여행자

5.
그곳에는 아무것도 남지 않았다

잿더미마저 바람에 날려버리고…

- 「풀무」 전문

 어릴 적 풀무 구멍을 들여다보다가 대장장이 할아버지가 그 속에 호랑이가 들어있어서 어흥 하고 나온다고 놀라게 해 깜짝 놀란 적이 있다. 요즘 초등학생들은 '낫 놓고 기역 자도 모른다'라는 속담의 뜻이 무엇인지 물어보면, 바로 '낫이 무엇이에요?'라고 묻는다고 한다. 우리가 어렸을 땐 아무리 어린 초등학생이라고 하더라도 부모를 도와 일을 해야 했다. 낫으로 꼴을 베어다가 소를 먹여야 했고, 땔감으로 나무를 해다가 연료로 사용해야만 했다. 그런데 요즘 어린이들에게 농사일시키는 부모는 거의 찾아볼 수 없다. 학원에 가느라 농사를 도울 시간도 없거니와, 혼자만 잘 놀아줘도 고맙게 여기는 것이 요즘 부모님들의 생각이다. '낫'이라는 말을 모르는데, '풀무'라는 말을 아는 아이들은 몇이나 될까? 옛날 대장간에서 쇠를 달구던 불의 온도를 높이기 위해 바람을 넣던 기구를 풀무라고 한다. 손잡이가 달려 있고 풀무 손잡이를 당겼다 밀었다 하면 바람이 갈탄으로 향하게 되고, 고열에 달궈진 쇠를 망치로 두드리면 쉽게 모양이 바뀌어 도구를 만들게 되는 것이다. 옛날 농경사회에서 대장간은 없어서는 안 될 중요한 산업이었다. 옛날 사람들은 대장간에서 낫, 칼, 호미, 삽, 광이, 곡괭이, 정, 끌, 망치, 가래, 보습 등의 농기구와 생활 도구를 만들어 썼다. 우리 동네에도 대장간이 있었는데, 60년대 후반 대장간을 하던 권 씨 할아버지가 작고하자 그 식구들은 서울로 이주한 뒤 그 대장간이 없어지고 말았다. 중학교 때 어머니를 여읜 나는 중학교 졸업 후 진학하지 못하고 일동공업사라는 대장간에서 잠시 일했는데, 그땐 풀무와 같이 수동 도구가 아니라 전기 풍구를 이용해 바람을 넣었다. 서영석 시인은 자신을 쓸모 있고 사용하기 편한 도구로 만드는 방법을 풀무로 생각했다. 그는 자신의 꿈을 불어넣는 풀무를 문학이라 생각할 수도 있고,

천주교라 생각할 수도 있다. 그리고 그 풀무를 작동하는 사람은 부모님이 될 수도 있고, 아내가 될 수도 있으며, 스스로 풀무질하여 연단할 수도 있다. 내가 처음 만난 서영석 시인은 풀처럼 여린 사람이었다. 누가 조금 화를 내면 피하는 사람이었다. 그러나 지금의 서영석 시인은 떳떳하고 당당한 사람이 되었다. 그 밑바탕에는 끊임없는 연단이 있었으리라. 서영석 시인은 쓸모없는 무쇠로 남으려 하지 않았다. 그는 어떻게든 세상에 쓰임이 있는 도구가 되길 원했다. 끊임없이 자신을 풀무질했고, 끊임없이 자신을 두드려 연단했기 때문에 오늘의 서영석 시인이 있게 되었고, 네 권이란 시집을 낼 수 있었다. 그런 풀무질이 지금 한국문인협회 포천지부장으로 봉사할 수 있는 계기가 되었을 것이다.

> 거미와 개미가 만나고
> 모래와 바람이 부서지고
> 꽃잎이 파도처럼 스러져
> 먼지 같은 활자가
> 대지의 허파로 스미어
>
> 또 다른 세계로 향하는
> 한 쌍의 텔로미어
>
> 너와 나의 발자국이 겹쳐지고
> 너와 나의 생각이 교차하고

너와 나의 그림자가 하나 되어

바람에 의지해 달려가는
꿈에서 그리던 이상향을
담아내는 우주 같은 DNA를
유영하는 텔레파시

내 발자국 밑에 있는
모든 거리는 침실로 통한다

- 「모든 거리는 침실로 통한다」 전문

거미는 공중에 사는 곤충이고 개미는 땅에 사는 곤충이다. 모래는 땅 위에 있는 마른 흙으로 바람이 건조시키고 부수어서 만든 존재고, 바람은 공중에 부는 보이지 않는 존재로 침실과는 거리가 먼 단어들이다. 그런데 서영석 시인은 왜 모든 거리는 침실로 통한다고 말하고 있는 것일까? 침실은 여러 가지 상징이 있다. 첫 번째로 휴식의 상징이다. 두 번째로 침실은 사랑의 상징이다. 서영석 시인이 세상 모든 길은 침실로 통한다고 한 데는 그만한 이유가 있다. 거미든 개미든, 모래든 바람이든 모두 휴식이 필요하다. 말하자면 이 세상 모든 것들은 휴식이 필요하다고 서영석 시인은 이 시에서 말하고 있는 것이다. 사람이나 짐승뿐만 아니라 태양이나 달까지도 휴식이 필요하다. 휴식이라는 말에는 '새로운 시작'

이란 의미를 내포하고 있다. 그런 휴식은 서로를 더욱 사랑하게 만든다. 사랑이란 것을 꼭 암수의 결합만으로 이해해서는 안 된다. 동족 간의 사랑만을 사랑이라 이해해서는 안 된다. 내가 아닌 상대방을 사랑하는 것이 진정한 사랑이다. 물은 큰 나무나 작은 풀, 큰 웅덩이나 작은 웅덩이를 차별하지 않고 사랑한다. 그런데 사람들은 동족만을 사랑하고, 같은 종교만을 사랑하며, 같은 이념을 가진 사람만을 사랑하려 든다. 그리하여 내 민족, 내 종교, 내가 가진 이념이 아니면 배척하려 들며 심할 때는 서로에게 총부리를 겨누며 전쟁을 일으키는 어리석음을 유발한다. 바람처럼 사랑해야 한다. 물처럼 사랑해야 한다. 태양처럼 사랑해야 한다. 그런데 사람들의 감정은 동전의 앞면을 보고 '십 원짜리'다 '백 원짜리' 다 라고 판단한다. 동전의 값어치가 얼마인가를 판단하는 것이 동전의 존재 이유가 아니다. 우리가 돈이란 도구를 만든 것은 물질을 서로 나누려고 만든 것이다. 더 많이 가져서 부자가 되고 덜 가져서 가난하게 되었지만, 그것이 진정한 돈의 의미는 아닐 것이다. 휴식과 사랑도 그런 것이다. 이 세상 모든 어린이는 어떤 경우에도 영양을 공급받아야 하고, 교육받아야 하며 추위와 더위로부터 보호받아야 하는데, 그것이 가난하거나 특정 종교를 지녔거나, 힘이 약해 침해받아서는 안 된다는 것이다. 그래서 나는 서영석 시인이 말하는 "너와 나의 발자국이 겹쳐지고 / 너와 나의 생각이 교차하고 / 너와 나의 그림자가 하나 되어"도 그것을 인정하고 사랑을 나누라는 것이 휴식의 진정한 의미라고 읽는다. 서영석 시인이 말한 "모든 거리는 침실로 통한다."는 명제는 충분한 설득력을 지닌다. 그 말은 '모든 거리는 휴식과 사랑으로 통한다.'는 말로, 바꿔 말해서 '인간은 근본적으로 휴식과 사랑을 최선의 목표로 한다.'는 말로 풀이할 수 있다.

    한 바보가 낙원을 찾아 정글을 지나 금단의 강을 건넜다 모진 세상에서 잡초처럼 짓밟혀 피로 얼룩진 육신을 끌고 낙원 입구에 다다른 바보는 입궁 심사대에서 미션을 받았다

    그곳에는 낙원으로 가는 길과 지옥으로 가는 길이 있었고 입궁 심사 탈락자는 되돌아가지 못하고 지옥으로 가야 한다 숙제는 심사대 앞 가시산에서 금단의 열매를 따는 것이다

    바보는 피투성이 몸을 이끌고 험난한 가시산을 오르는데 심장과 살들을 깊숙이 찌르는 아픔은 죽음보다 더했다 그는 아직도 금단의 열매를 따려고 가시산을 오르고 있다

- 「낙원의 입구」 전문

낙원이란 어디일까? 이 세상에 낙원이 있기는 있는 것일까? 지금 내가 살고 있는 곳이 낙원이다. 우리 가정이 낙원이며, 포천시가 낙원이고, 경기도가 낙원이며, 대

한민국이 낙원이다. 내가 살고 있는 곳이 최고의 지상낙원이다. 먹을 것, 입을 것 충분하며, 가족들 아프지 않고, 큰 걱정 없으면 그것이 낙원이지, 더 좋은 낙원이 어디 있겠는가? 그러나 시기와 질투가 계속되는 한 이 세상에 낙원은 없다. 남을 무시하는 심리가 발동된 사람이라면 그 사람은 낙원에서 아주 먼 곳에 사는 사람이다. 서영석 시인이 '어떤 바보'를 지칭해 이 시를 쓰고 있지만, 나는 우리 인간 모두를 지칭하는 대명사로 쓰고 있음을 안다. 서영석 시인은 낙원의 입구를 말하지만, 그것은 낙원의 입구를 찾아 들어가기 위함이 아니다. 필자는 서영석 시인이 이미 낙원 안에서 살고 있다고 생각한다. 그는 늘 아호와 세례명을 앞세워 자신을 소개한다. 그의 아호는 녹정이다. 사슴 록鹿 우물 정井, 그는 스스로를 사슴이라 생각한다. 그것도 생명수가 충분한 사슴이라 생각한다. 무엇을 말하는가? 그는 낙원 안에 살고 있다는 말이다. 우리나라에서 사슴이란 가장 이상이 높은 동물로 상징된다. 그리고 사슴 록鹿 자란 원래 권좌에 있는 사람을 칭하기도 한다. 그러니 그는 낙원의 수장이기도 하다. 아마도 그가 꿈꾸는 낙원이란 글쓰기 좋은 환경을 만들고 싶은 욕망일는지 모른다. 그의 세례명은 요셉이다. 요셉은 어떤 사람인가? 요셉이란 사람은 구약성서에 나오는 인물로 야곱의 열한 번째 아들이다. 그는 아버지로부터 많은 사랑을 받았기 때문에 다른 형제들의 미움을 받게 된다. 그런 이유로 이집트에 노예로

팔려 가게 되는데, 그는 그곳에서 정말 열심히 일한 결과 큰 출세로 오히려 흉년으로 곤경에 빠진 가족들을 맞아들인다. 말하자면 요셉의 마음 안에 낙원으로 들어가는 열쇠가 있었던 것이다. 낙원이란 낙원 안에 있는 모든 것을 포함한다. 낙원이라고 해서 왜 해충이 없으며 모기가 없으며 뱀이 없겠는가? 낙원에서는 뱀과 모기, 쥐와 악어까지 모두 낙원에 포함된다. 깨끗하고 잘난 사람도 있지만, 가난하고 못난 사람도 있는데, 모두 행복을 느낀다면 두 사람 모두에게 그곳은 낙원이 될 수 있다. 말하자면 낙원이란, 지금 자기가 처한 상황을 어떻게 해석하고 이해하느냐에 달려 있다. 이 시는 가시밭길이나 수렁에 빠질 수 있음을 경계하는 시다. 금단의 열매란 이룰 수 없는 꿈이다. 그러나 나는 이룰 수 없는 꿈이란 없다고 생각한다. 그래서 내 마음의 가시산을 정복할 수 있다면 낙원의 입성은 언제나 가능하다고 생각한다.

>
> 1.
> 우리 집엔 얼마 전부터 회장실이 생겼다
> 용변이 급할 때면 회장실로 뛰어간다
> 처음 방문한 사람은 당황해하지만
> 이내 익숙해져서 회장실 문을 열어젖힌다
>
> 2.
> 문에 붙은 표지판에 점하나가 떨어지더니

아래로 배설할 때마다 귀해지고 있다
그래서 표지판을 고치지 않고
그냥 놔두기로 했다

3.
어느 날 옆집 철수가 다녀가더니
자기 집에도
회장실을 만들었다

- 「회장실 – 점」 전문

 "남이라는 글자에 점 하나를 지우고 / 님이 되어 만난 사람도 / 님이라는 글자에 점 하나만 찍으면 / 도로 남이 되는 장난 같은 인생사……."라는 노래가 있다. 김명애란 가수가 부른 〈도로 남〉이란 노래인데 많은 사람들이 알고 있는 일명 히트곡이다. 회장실과 화장실도 같은 이치에서 바라본 말놀이 시다. 점 하나가 있느냐 없느냐, 또 그 위치가 어디에 있느냐에 따라 우리나라 말은 무수히 변한다. 앞서 말한 '남과 님', '화장실과 회장실', '빵과 삥(건달들이 노점상에게 뜯어내는 자릿세)' 같은 것도 있지만 '너와 나', '빵과 뺑', '서다와 사다' '졸다와 줄다'와 같이 점이 있느냐 없느냐와 그 위치가 안쪽에 있느냐 바깥쪽에 있느냐에 따라 뜻이 달라지는 우리나라 말은 무수히 많다. 그러나 의미가 어떻든 간에 내가 잘 해석하며 살면 된다. 서영석 시인이 시제로 사용한

'화장실'과 '회장실'은 그 의미상 큰 차이를 보인다. 우리는 가끔 화장실에 들어가 급한 업무를 보기도 한다. 화장실에 용변만을 보러 들어가면 화장실이지만, 화장실에서 용변을 보는 사이에 업무적 전화를 받거나 꼭 필요한 서류를 들고 들어가 검토하며 업무를 보면 회장실이 될 수도 있다. 옛날 화장실은 '뒷간', 또는 '측간'이라 해서 용변만을 보는 곳이었다. 그러나 현대의 화장실은 주거 공간에서 매우 중요한 자리를 차지한다. 내가 고등학교에 다닐 때만 해도 포천시외버스터미널에 있는 화장실에 들어가려면 10원의 화장실 세를 내야 했다. 그렇다고 지금처럼 쾌적하고 깨끗한 화장실은 상상할 수 없는 환경이었다. 그 화장실은 퍼세식으로 악취가 올라오며 벽에는 온통 낙서로 도배가 되어 있던 화장실이었다. 말 그대로 화장실이었지, 회장실이란 생각은 손톱만치도 할 수 없는 환경이었다. 그런데 요즘 한국의 화장실은 정말 최고의 서비스를 제공한다. 고속도로를 이용하다가 자주 화장실에 가보게 되면 향기 나는 제품을 놔두어 지린내가 나지 않을 뿐만 아니라, 손을 씻을 수 있는 물비누와 손을 말릴 수 있는 핸드드라이어 등을 구비되어 있다. 게다가 미술품이나 그 고장의 명승지 사진이 걸려 있으며 아름다운 음악까지 제공된다. 그래서 외국에서 오는 관광객들이 한국의 인천공항에 내리게 되면 우선 공항의 크기에 놀라게 되며, 두 번째로는 깨끗하고 아름다운 화장실의 쾌적함에 놀란다고 한다. 화장실이 얼마만큼 깨끗한지는 삶의 질을 가늠하는 척도다. 그만하면 회장실로 사용해도 충분할 것 같다.

> 어느 날 문득 창 너머로 보이는 것들이 있다
> 아파서 죽을 것만 같았던, 그래서 기억하고 싶지 않았던
> 통증의 언덕 너머로 밀어내고 마음의 창을 닫았던 것들이
> 창밖에 부딪히는 빗소리에 되살아나고
> 들판의 갈대에 머무는 바람 소리에 깨어나서
> 안개처럼 피어나는 커다란 꽃이 되고 향기가 된다
>
> 숨이 멎을 것 같아서 피눈물을 흘리며 지웠던 것들
> 숨 막히게 빛나고 터질 듯이 아름답던 날들의 기억보다
> 고단하고 아파서 죽을 것만 같았던, 불붙은 뜰에서 지우고
> 아득히 먼 곳의 불모지에 던져버린 기억이 더 그리운 것은
> 체념을 배운 때문인지도 모르겠다
>
> 구름 한 점 없는 파란 하늘보다
> 구름과 햇살이 적당히 어우러진 날이 더 아름다운 것은
> 삶의 언저리에 비가 내리고 가끔은 구름도 끼어서
> 때로는 벼락이 치는 길을 걸어야 했던 어둠의 날들이
> 자라고 익어서 또 다른 모습으로 홀로그램처럼
> 매 순간 빛나고 있기 때문은 아닐까
>
> ― 「멀어져야 보이는 것들」 전문

우리는 너무 근시안으로 산다. 가까운 사람만 보고 산다. 우선 내 행복을 너무 중요하게 여기며, 나의 행복

을 이루기 위해서는 남의 행복쯤은 깨지든 말든 신경 쓰지 않는다. 한번은 시외버스에 탔다가 옆에 앉은 사람하고 싸운 적이 있다. 그 사람은 덩치가 큰 사람으로 내 자리를 침범하며 비스듬히 자리에 앉아 이어폰을 끼고 유튜브를 보고 있었는데, 웃는 소리가 얼마나 큰지 버스에 탄 다른 승객들이 여러 번 쳐다보며 빈축을 샀다. 가만히 있자니 화가 나고, 뭐라 하자니 큰싸움이 날 것 같아 오래도록 참았다. 그러다가 드디어 폭발했다. "여기 이 버스 당신이 전세 냈어? 왜 이렇게 큰소리로 웃는 거야?" 그러자 그 남자는 벌떡 일어나며 내 가방을 낚아챘다. 우왁스런 그의 손에 버티던 나의 힘과 맞물려 내 가방끈이 떨어졌다. 나는 큰소리로 욕을 하며 그 사람의 기선제압에 나섰는데, 그 상황을 모르는 승객들은 나를 나무랐다. 가만히 있는 사람을 내가 시비를 걸었다는 것이다. 그래서 나는 급히 승객들에게 사과하고 싸움을 접어야 했다. 내가 내 정의감만 생각하고 승객들의 피로감을 생각지 않았던 것이다. 이유야 어찌 되었든, 공공장소에서 싸워서는 안 되는 것이다. 싸워서는 안 된다는 걸 한발 물러서 생각지 않았던 것이다. 자랄 때 너무 가난하게 자라서 그 시절이 정말 싫다고 하는 사람은 거의 없다. 한발 멀리서 바라보면, 먹는 것이 조금 부족했을 뿐, 그때가 얼마나 행복했는지 알게 된다. 5, 6남매씩 되는 가정구조에 할아버지 할머니가 함께 사는 가정이 많았던 시절, 사탕과 과자가 없었어도 산딸기 따 먹고 칡뿌리 캐 먹던 그 시절이 왜 그리 아름다웠는지, 지금 이만큼 멀리 걸어와서 멀어져서야 보이는 것들이다. 고부가 마주 앉아 맷돌을 돌리며 두부를 만들던 풍경은 이제 볼 수 없다. 얼음판에서 썰매를 타고 팽이를 치던 그 친구는 지금 보이지 않는다. 대보름날 달밤 아래서 이웃 동네와 불깡통을 던지며 패싸움하던 불꽃 쏟아지는 하늘은 이제 볼 수가 없다. 나는 신혼 초에 박스공장에 다니며 생산직 사원으로 살았다. 고작 10만 원 남짓 받던 봉급으로 아이 분유 사면 먹을 것이 없었던 신혼 생활, 사랑으로 사랑 하나로 그 많은 어려움을 버텨왔던 그 시절이 지금 생각하면 아내가 너무나 고마웠음을 깨닫는다. 우리가 사는 신혼집을 보러 작은아버지가 멀리서 오셨는데 가스가 떨어져 끓이다 만 찌개를 드렸던 기억이 눈에 선하다. 돈이 없어서 손님이 올까 봐 무섭던 시절이었다. 그래도 한발 물러나 생각해보면 조카를 격려하러 오셔서 몇만 원을 손에 쥐어주시던 작은아버지의 사랑에 우리 부부가 그 많은 어려움을 견뎌내지 않았나 싶다. 사람은 사랑을 먹고 사는 동물이다. 어른들의 관심과 사랑으로 아이는 성장한다. 얼마만큼 따스한 눈길로 자식을 보살펴주느냐가 효도의 관건이다. 나는 자식에게 잘못하면서, 자식만 나에게 효도하길 바라서는 안 된다. 서영석 시인은 "고단하고 아파서 죽을 것만 같았던, 불볕은 뜰에서 지우고 / 아득히 먼 곳의 불모지에 던져버린 기억"을 더 그립게 생각하고 있다. 조금 더 낫고 조금 더 심한 차이야 있겠지만 우리는 너, 나 할 것 없이 그렇게 살았다. 그런 삶을 살아준 서영석 시인의 아내와 우리 아내, 그리고 우리 또래들의 아내들에게 이 자리를 빌어 감사드린다.

어느 날 문득
노을 속에서 뜨는 아침을 만났다

하루를 다 보내고
한살이를 다 살고
계절이 도돌이표처럼
돌고 돌아서 다시 아침을 맞는
나팔꽃처럼

저녁이면 아침을 만나고
해가 저무는 벤치에 앉아서
아침이슬처럼 순결한
태양을 만나는 세상은 어쩌면

나도 모르게 다가오는
시간의 파도를 타고 넘어
다른 세계로 밀려가는
쓰나미 같음을…

무인 주차장에 주차하고
예정된 공연이 끝나는
어느 날 문득 석양 아래에서

아침을 맞는다

개미지옥을 피해서 날아가는 쇠파리
나는 소 한 마리 없는 벌판에서 유랑하고
집념을 향해 달려가는 바람의 노래를 듣는다

- 「새벽은 어떻게 오는가」 전문

  새벽은 어떻게 올까? 그냥 밤이 지나면 새벽은 오는 것일까? 달이 지면 해가 뜨는 것일까? 하루가 지나면 또 하루가 오는 것일까? 새벽은 그렇게 오지 않는다. 신열을 앓고 끙끙거리는 자에게만 새벽은 온다. 아무런 미동 없이 새벽을 맞이하는 자는 새벽을 느끼지 못한다. 그런 사람에게는 그냥 하루 스물네 시간이 있듯이 아침 점심 저녁이 있고 새벽이 있을 뿐이다. 언젠가 금강 근처에서 문학행사를 위해 1박을 한 적이 있다. 그때 나는 이튿날 새벽에 일찍 일어나 금강가에 내려가 금강을 관찰하였다. 그때 마침 금강에는 새벽안개가 피어오르고 있었다. 그날 내가 바라본 금강의 새벽은 달랐다. 그냥 새벽안개가 올라오는 게 아니었다. 금강의 새벽안개는 악이 바친 듯이 피어오르는 안개였다. 금강은 산이 우리에게 군불을 넣어 따뜻이 안아준 것처럼 어미가 젖을 주듯 그렇게 풍만한 유방을 꺼내 우리를 먹였을 것이다. 단 한 번의 손찌검도 없이 우리를 키웠을 것이다. 그래도 우리는 젖을 빨면서도 머리통으로 어미의 젖을 들이받는 송아지처럼 앙탈을 부렸을 것이다. 핏물이 녹아든 줄도 모르고 풀빵구리에 쥐 드나들듯 드나들며 퍼가고 빨래를 하며 그 강에서 멱을 감았을 것이다. 혈관을 터 곡식을 키우고 그러면서도 고마움을 모르고 거기에 뛰어들어 물고기 밥이 되었을 것이다. 금강은 밤새 아우성치는 혼귀魂鬼들을 자중시키고 다독이며 자장가를 불러 재워놓고 새벽이 되면 머리에 지진이 날 것처럼 악이 받쳐 금강은 소리 없이 울었을 것이다. 임진왜란을 동학농민운동을 일제강점기를 육이오를 견디며 금강이 얼마나 울었을까? 얼마나 악이 받쳤을까? 나는 그때 그 차가운 강도 열받는다는 걸 알았다. 그래서 금강 위에 피어오르는 안개를 보았다. 나는 그때 백여 미터 넓이로 천 리 길을 달려오면서 어느 자식 하나 어느 동생 하나 떨어뜨리지 않고 데리고 오는 포용을 보았다. 말하지 않고 몸소 흐르며 자중하는 슬기를 보았다. 그 많은 삶의 소용돌이를 다독이며 평면을 유지하는 평정심을 보았다. 부모에 대하여 스승에 대하여 조국에 대하여 절대 거스르지 않는 거룩한 복종을 보았다. 새벽은 절대로 아무에게다 오지 않는다. 새벽은 내일을 꿈꾸는 자에게만 온다. 그렇지 않은 사람은 새벽을 만나지 못한다. 열 시까지 늘어지게 자는 사람에게 새벽의 의미는 없다. 꿈이 없는 사람들은 "개미지옥을 피해서 날아가는 쇠파리"같은 사람들이다. 서영석 시인은 꿈이 많다. 좋은 시인이 되는 꿈, 아름다운 사회를 이루는 꿈, 이름과 나이에 걸맞게 중후해지는

고 칡뿌리 캐 먹던 그 시절이 왜 그리 아름다웠는지, 지금 이만큼 멀리 걸어와서 멀어져서야 보이는 것들이다. 고부가 마주 앉아 맷돌을 돌리며 두부를 만들던 풍경은 이제 볼 수 없다. 얼음판에서 썰매를 타고 팽이를 치던 그 친구는 지금 보이지 않는다. 대보름날 달밤 아래서 이웃 동네와 불깡통을 던지며 패싸움하던 불꽃 쏟아지는 하늘은 이제 볼 수가 없다. 나는 신혼 초에 박스공장에 다니며 생산직 사원으로 살았다. 고작 10만 원 남짓 받던 봉급으로 아이 분유 사면 먹을 것이 없었던 신혼 생활, 사랑으로 사랑 하나로 그 많은 어려움을 버텨왔던 그 시절이 지금 생각하면 아내가 너무나 고마웠음을 깨닫는다. 우리가 사는 신혼집을 보러 작은아버지가 멀리서 오셨는데 가스가 떨어져 끓이다 만 찌개를 드렸던 기억이 눈에 선하다. 돈이 없어서 손님이 올까 봐 무섭던 시절이었다. 그래도 한발 물러나 생각해보면 조카를 격려하러 오셔서 몇만 원을 손에 쥐어주시던 작은아버지의 사랑에 우리 부부가 그 많은 어려움을 견뎌내지 않았나 싶다. 사람은 사랑을 먹고 사는 동물이다. 어른들의 관심과 사랑으로 아이는 성장한다. 얼마만큼 따스한 눈길로 자식을 보살펴주느냐가 효도의 관건이다. 나는 자식에게 잘못하면서, 자식만 나에게 효도하길 바라서는 안 된다. 서영석 시인은 "고단하고 아파서 죽을 것만 같았던, 불붙은 뜰에서 지우고 / 아득히 먼 곳의 불모지에 던져버린 기억"을 더 그립게 생각하고 있다. 조금 더 낫고 조금 더 심한 차이야 있겠지만 우리는 너, 나 할 것 없이 그렇게 살았다. 그런 삶을 살아준 서영석 시인의 아내와 우리 아내, 그리고 우리 또래들의 아내들에게 이 자리를 빌어 감사드린다.

어느 날 문득
노을 속에서 뜨는 아침을 만났다

하루를 다 보내고
한살이를 다 살고
계절이 도돌이표처럼
돌고 돌아서 다시 아침을 맞는
나팔꽃처럼

저녁이면 아침을 만나고
해가 저무는 벤치에 앉아서
아침이슬처럼 순결한
태양을 만나는 세상은 어쩌면

나도 모르게 다가오는
시간의 파도를 타고 넘어
다른 세계로 밀려가는
쓰나미 같음을…

무인 주차장에 주차하고
예정된 공연이 끝나는
어느 날 문득 석양 아래에서

아침을 맞는다

개미지옥을 피해서 날아가는 쇠파리
나는 소 한 마리 없는 벌판에서 유랑하고
집념을 향해 달려가는 바람의 노래를 듣는다

- 「새벽은 어떻게 오는가」 전문

 새벽은 어떻게 올까? 그냥 밤이 지나면 새벽은 오는 것일까? 달이 지면 해가 뜨는 것일까? 하루가 지나면 또 하루가 오는 것일까? 새벽은 그렇게 오지 않는다. 신열을 앓고 끙끙거리는 자에게만 새벽은 온다. 아무런 미동 없이 새벽을 맞이하는 자는 새벽을 느끼지 못한다. 그런 사람에게는 그냥 하루 스물네 시간이 있듯이 아침 점심 저녁이 있고 새벽이 있을 뿐이다. 언젠가 금강 근처에서 문학행사를 위해 1박을 한 적이 있다. 그때 나는 이튿날 새벽에 일찍 일어나 금강가에 내려가 금강을 관찰하였다. 그때 마침 금강에는 새벽안개가 피어오르고 있었다. 그날 내가 바라본 금강의 새벽은 달랐다. 그냥 새벽안개가 올라오는 게 아니었다. 금강의 새벽안개는 악이 바친 듯이 피어오르는 안개였다. 금강은 산이 우리에게 군불을 넣어 따뜻이 안아준 것처럼 어미가 젖을 주듯 그렇게 풍만한 유방을 꺼내 우리를 먹였을 것이다. 단 한 번의 손찌검도 없이 우리를 키웠을 것이다. 그래도 우리는 젖을 빨면서도 머리통으로 어미의 젖을 들이받는 송아지처럼 앙탈을 부렸을 것이다. 핏물이 녹아든 줄도 모르고 풀빵구리에 쥐 드나들듯 드나들며 퍼가고 빨래를 하며 그 강에서 멱을 감았을 것이다. 혈관을 터 곡식을 키우고 그러면서도 고마움을 모르고 거기에 뛰어들어 물고기 밥이 되었을 것이다. 금강은 밤새 아우성치는 혼귀魂鬼들을 자중시키고 다독이며 자장가를 불러 재워놓고 새벽이 되면 머리에 지진이 날 것처럼 악이 받쳐 금강은 소리 없이 울었을 것이다. 임진왜란을 동학농민운동을 일제강점기를 육이오를 견디며 금강이 얼마나 울었을까? 얼마나 악이 받쳤을까? 나는 그때 그 차가운 강도 열받는다는 걸 알았다. 그래서 금강 위에 피어오르는 안개를 보았다. 나는 그때 백여 미터 넓이로 천 리 길을 달려오면서 어느 자식 하나 어느 동생 하나 떨어뜨리지 않고 데리고 오는 포용을 보았다. 말하지 않고 몸소 흐르며 자중하는 슬기를 보았다. 그 많은 삶의 소용돌이를 다독이며 평면을 유지하는 평정심을 보았다. 부모에 대하여 스승에 대하여 조국에 대하여 절대 거스르지 않는 거룩한 복종을 보았다. 새벽은 절대로 아무에게다 오지 않는다. 새벽은 내일을 꿈꾸는 자에게만 온다. 그렇지 않은 사람은 새벽을 만나지 못한다. 열 시까지 늘어지게 자는 사람에게 새벽의 의미는 없다. 꿈이 없는 사람들은 "개미지옥을 피해서 날아가는 쇠파리"같은 사람들이다. 서영석 시인은 꿈이 많다. 좋은 시인이 되는 꿈, 아름다운 사회를 이루는 꿈, 이름과 나이에 걸맞게 중후해지는 꿈, 그런 꿈이 서영석 시인을 소용돌이에 들게 한다. 그래서 그는 "나는 소 한 마리 없는 벌판에서 유랑하"면서도 "집념을 향해 달려가는 바람의 노래를 듣는다"고 말하는 것이다. 꽃을 피우기 위해 달려가는 바람, 세상을 푸르게 하기 위해 달려가는 바람, 그것이 서영석 시인의 꿈이자 희망이다.

> 갈대가 농익어서 바람에 흔들릴 때마다
> 살모사의 비늘 가는 소리가 난다
>
> 그 옆에 흐르는 냇물조차 금빛으로
> 숙성되어 쇳소리는 내는 계절에는
>
> 고추잠자리가 꼬리를 맞대고 하트를 그리며
> 수수 이삭에 앉아 발갛게 태워버리는 한 살이
>
> 살모사에 물린 채 붉게 스러져가는 생명력과
> 죽임을 넘어서 다시 태어나는 창조의 세례에
>
> 말살과 탄생이 공존하는 인생의 들녘이여
> 고추잠자리의 날갯짓에 깨어나는 생명이여
>
>   - 「생명은 살아 있다」 전문

서영석 시인의 시야는 정말 넓은 것 같다. 서 시인은 생태주의적 관점에서 이 시를 쓰고 있다. 이 시에는 살

모사가 등장한다. 살모사는 맹독성 뱀이다. 뱀은 성경에서 볼 때 이 세상에서 가장 간교한 동물이다. 뱀은 하느님의 아들인 아담의 아내 하와에게 선악과善惡果를 따먹으라고 꼬시고, 드 꼬임에 넘어간 하와는 선악과를 따먹으며 남편인 아담에게까지 준다. 이로써 세상은 선善과 악惡이 존재하게 되는데, 서영석 시인은 뱀을 시에 등장시킨다. 말하자면 세상은 선과 악이 공존하는데, 슬기로운 사람만 뱀, 즉 악惡을 만나지 않고 살 수 있으며, 악은 선보다 기가 강하여 득세하지만, 결국에는 선이 세상을 이긴다는 논리를 서영석 시인은 펼쳐나간다. 사람은 사랑으로 살아야 한다. 인간은 뱀이든 독수리든 악어든 죽일 자유가 없다.『논어論語』와 『맹자孟子』에 보면 촉고數罟를 놓거나 활을 쏘며 주낙을 놓아 늘 청둥오리와 물고기를 사냥한다. 말하자면 논어와 맹자의 중심사상은 인간이 우선한다는 인본주의적人本主義的 사상이다. 인간은 만물의 영장으로서 무엇을 어떻게 해도 괜찮다는 사상인데, 이는 무분별한 개발과 공기 및 대지 오염을 통해 이상기온, 천재지변을 동반하게 된다. 그에 반하여 『노자老子』와 『장자莊子』에 보면 인간은 자연과 더불어 살아가는 존재이지, 마음대로 길을 뚫고 나무를 베며, 사냥하지 않는 존재, 즉 자연과 함께하는 공생공존의 존재다. 그런데 서영석 시인의 시 시에는 그런 가톨릭 사상과 노장사상이 깃들어 있는 것이다. 노장사상은 생태주의적 사상이다. 생태주의라 하면 자연과 함께 더불어 살아간다는 사상으로 버리고 훼손하는 것을 금하며, 이들이 뭉쳐서 그린피스 같은 환경단체를 이루기도 한다. "살모사에 물린 채 붉게 스러져가는 생명력"일지라도 악은 선을 당해낼 수 없다. 왜냐하면 이 세상은 스스로 자정하는 능력, 즉 "죽임을 넘어서 다시 태어나는 창조의 세례"가 있기 때문이다. 그러면서 인생 역시 악이 난무하지만 "말살과 탄생이 공존하는 인생의 들녘"에서 서영석 시인은 선善을 선택할 수 있는 최선의 방법으로 시詩를 택하고 "고추잠자리의 날갯짓에 깨어나는 생명"을 노래하고 있는 것이다.

서영석 시인과 나는 친구다. 그러나 그냥 같은 세대에 같은 고장에서 태어나고 자란 것은 맞지만, 서영석 시인과 내가 같은 학교를 다닌 적은 없다. 그와 나는 초등학교도, 중학교도, 고등학교도, 대학교도 다르게 다녔다. 서영석 시인과 만난 것은 그가 문단에 들어오면서부터다. 그런데 요즘 포천에서 가장 가깝게 지내는 친구는 서영석 시인뿐이다. 내가 조금 더 앞서 문단에 들어왔고, 그가 후에 들어왔지만, 그것은 그리 중요한 일이 아니다. 지금 서로가 어떤 사이로 살고 있느냐가 중요하다. 중요한 것은 내가 그렇게 서영석 시인과 만나 아름다운 노후를 의논하며 살고 있다는 점이다. 이렇게 된 것을 나는 인연이라 말하고 싶다. 포천에서 태어나고 자란 그 많은 또래들 중에 같이 시를 쓰고, 같이 문학을

하는 고향 친구는 서영석 시인과 나 둘뿐이다. 게다가 같은 포천문인협회에서 그는 회장을 맡아 회를 이끌어 나가고, 나는 그를 감독하는 감사를 맡아 함께 포천문인협회를 운영하고 있으니 그 또한 인연이라 할 수 있다.

이상에서처럼 서영석 시인의 시 몇 수를 읽으며 그의 마음 세계를 여행해보았다. 앞서 말한 바와 같이 그는 문학활동을 할 때 늘 아호와 세례명을 같이 쓰며 산다. 녹정鹿井과 요셉이 그것이다. 녹정이란 사슴이 먹는 우물이란 뜻으로 그는 이미 낙원에 들어와 평화로운 삶을 살고 있음을 암시하며, 그의 세례명은 요셉이다. 핍박받고 내쫓겼으나 나중에 성공해 돌아와 형제를 구원한 요셉이란 이름이 말해주듯, 이웃과 형제들과 낙원에서 함께 행복하게 살고 싶은 것이다.

서영석 시인은 인연 관계를 중시한다. 서영석 시인은 바람을 넣는 풀무와 불에 올려진 갈탄의 관계를 생각한다. 거미와 개미의 관계와 모래와 바람의 관계를 생각한다. 낙원과 식물의 관계, 열매와 사람의 관계, 사람과 변기의 관계, 회장과 직원의 관계, 과거와 현재의 관계, 태양과 달의 관계, 부모님과 나의 관계, 어둠과 밝음의 관계, 풀과 뿌리의 관계, 살모사와 고추잠자리의 관계 등 서영석 시인의 시에서는 이 세상 모든 것은 관계로 이루어지며 이는 곧 인연이라는 말로 결속된다.

그의 시에는 사물과 사람, 사물과 사물, 사물과 허상

이 서로의 정신과 뿌리와 환경을 뒷받침하며 유기적으로 관계한다. 가톨릭 신자인 그는 늘 어떻게 하면 이웃과 평화롭게 살 수 있을 것인가를 고민하는 평화주의자다. 서영석 시인의 시에서 누구를 이기고 죽이는 것은 없다. 그는 늘 함께 살기를 원한다. 그는 쇠가 나무를 자르는 도구이긴 하지만 함께 살아가기 위한 필요조건으로서 세상을 바라본다. 비록 상극의 관계일지라도 그는 존재의 특수성을 인정하며 상생을 도모한다. 따라서 나는 서영석 시인의 시를 '상생의 인연 관계, 그 낙원의 시학'이라 평한다.

서영석 제4시집

낙원의 입구

초판발행일 2023년 11월 15일

지은이 : 서영석
발행인 : 김순진
편집장 : 전하라
디자인 : 김초롱
펴낸곳 : 도서출판 문학공원
등 록 : 2004년 3월 9일 제6-706호
주 소 : 우편번호 03382 서울 은평구 통일로 633
         녹번오피스텔 501호 스토리문학사
전 화 : 02-2234-1666
팩 스 : 02-2236-1666
홈페이지 : https://blog.naver.com/ksj5562
이메일 : 4615562@hanmail.net

2023@ 서영석
이 책은 (재)포천관광문화재단의 2023년 문화예술공모지원사업 〈포·도·당〉을 통해 발간제작되었습니다.